À quelle famille d'anin
appartient le castor ?

Le castor est un **mammifère**.

Il appartient à la grande famille des **rongeurs**.
Cette famille compte 1 800 espèces.
La souris, l'écureuil et la marmotte
en font aussi partie.

animal qui allaite ses petits.

rongeurs :
les rongeurs possèdent de longues dents de devant qui poussent continuellement.

- Combien y a-t-il d'espèces de castor ? @
- Où habite le castor ? @
- Comment faire pour repérer la présence d'un castor ? @
- Quel est le meilleur moment de la journée pour observer les castors ? @

Selon les Amérindiens...

Amérindiens :
le terme « Amérindiens » désigne tous les Indiens des Amériques, à l'exception des Inuits.

incisives :
les incisives sont les dents aplaties et tranchantes du devant qui servent à couper les aliments.

**Chez les Amérindiens,
on raconte
que ce sont les animaux
qui ont choisi leur apparence
et leur mode de vie. @**

**L'histoire que tu vas lire
dans les pages suivantes
s'inspire d'un conte amérindien.
Elle explique pourquoi
le castor possède
une magnifique fourrure
et de longues incisives orangées.**

Elle s'intitule :
Le cadeau de Soleil

Le cadeau de Soleil

Texte de **Sylvie Roberge**
Illustrations de **Claude Thivierge**

Amisk avait bâti sa hutte sur la berge d'une rivière. Il en était extrêmement fier.

La rivière traversait la forêt où vivait l'affreux **Carcajou**. Ce monstre était querelleur et jaloux. Tous les animaux se méfiaient de lui à cause de sa méchanceté.

Amisk :
amisk est le nom que les peuples algonquiens donnent au castor.

Carcajou :
le carcajou est un mammifère qui apparaît comme un démon puissant dans les contes amérindiens.

Un matin, la rumeur
se répand :
Carcajou prépare encore un mauvais tour.
Les corneilles jacassent entre elles :

– Carcajou a décidé d'attraper Soleil.
Il veut le prendre au **collet**
et le jeter en bas du ciel !

Écureuil peut le confirmer.
Il l'a vu arracher ses longs poils et les tresser :

– C'est pour fabriquer un piège.

collet :
pour piéger
certains animaux,
on tend un collet
en faisant un
nœud coulant.

Dans le ciel, Soleil ne se doute de rien.
S'il savait que ses heures sont comptées,
il cesserait immédiatement de danser.

Tout à coup, on entend un souffle puissant :

– AAAAHHHH !

Les animaux se figent,
les museaux frémissent dans le vent.
Carcajou a lancé son collet.
La corde monte, monte, monte vers Soleil.
Malheur !
Elle a atteint sa cible.

Carcajou tire de toutes ses forces
sur le nœud coulant.
Soleil est surpris. Il se débat furieusement.
Mais plus il s'agite, plus le piège se resserre.

Carcajou jubile, fier de son coup.
Il se roule dans la mousse et se tord de rire :

– Ah ! Ah ! Ah ! Ah ! Je l'ai eu !
Je l'ai bien eu, le gros patapouf !

Soleil a **blêmi**. Il étouffe.
Il supplie qu'on le libère.
Mais Carcajou refuse tout net :

– Il n'en est pas question.
C'est moi le maître.
C'est moi qui décide.

L'heure est grave.
Soleil agonise, la lumière pâlit, l'air refroidit.
Les animaux se serrent frileusement
les uns contre les autres.

blêmi :
quand un
visage est devenu
très pâle
sous le coup
de l'émotion,
on dit qu'il a blêmi.

Gélinotte :
la gélinotte est un oiseau sauvage. On l'appelle aussi perdrix grise.

tête de linotte :
une tête de linotte est une personne qui agit sans réfléchir.

Gélinotte gémit :

– Il faut faire quelque chose,
sinon la Terre deviendra un désert glacé.
Nous serons tous condamnés
à mourir gelés.

Les animaux approuvent
avec conviction :

– Oui ! Oui ! Oui !

Pour une fois, cette **tête de linotte**
a tout à fait raison.

Il faut libérer Soleil sans tarder.
Mais qui osera défier Carcajou ?
Qui aura le courage et l'audace
d'accepter cette dangereuse mission ?

Moufette ?
Les risques sont trop élevés.

Raton laveur ?
Il ne travaille que la nuit.

Orignal ?
Avec son lourd panache,
c'est hors de question.

Orignal :
l'orignal
est un grand cerf.
On l'appelle
aussi l'élan
d'Amérique.
Le mâle porte
un panache aplati
en éventail.

C'est Renard qui est le premier à s'avancer.
Il ne rate jamais une occasion
de se faire admirer. Il adore plaire :

– Je me porte volontaire.
J'irai ronger le collet.

Renard est rusé.
Il parvient toujours à ses fins,
peu importe les moyens.
Il explique que sa queue
lui servira de paravent.

L'idée paraît géniale.
On l'applaudit, on l'encourage.
Renard s'élance à reculons, la queue en l'air.

Mais à mesure qu'il se rapproche du but,
son **aplomb** diminue.
Soleil a beau être mourant,
ses rayons sont si brûlants
qu'ils obligent Renard
à ralentir le pas.

aplomb :
avoir de l'aplomb
signifie avoir
confiance en soi.

Soudain, c'est la catastrophe.
La queue de Renard s'enflamme.
Il doit rebrousser chemin.
Le malheureux a tout juste le temps
de plonger la tête la première
dans la rivière.

Quelle déception !
Chacun se retient de faire ses commentaires
devant l'air dépité du **goupil**
qui fixe sa queue encore fumante.

C'est la toute petite voix de Souris
qui brise enfin le silence :

– Moi, je vais réussir !

Les animaux sont étonnés.
Souris est si petite.
Toutefois, elle ne manque pas d'**assurance**.
Il faut lui faire confiance.
Elle a l'habitude de se faufiler
n'importe où
pour échapper à ses ennemis.

goupil :
il y a très longtemps, ce mot était utilisé pour nommer le renard.

assurance :
avoir de l'assurance signifie aussi avoir confiance en soi.

décline :
lorsque le soleil
s'abaisse
et s'approche
de l'horizon,
on dit qu'il décline.

Tandis que Soleil **décline**,
Souris trottine.
Elle fait des bonds et patine
comme un joueur de hockey
qui monte au filet.

Mais à mi-chemin,
son poil vire au gris.
L'air brûlant l'empêche de respirer.
Sa gorge est en feu.
Ses poumons vont éclater.
C'est trop dur. Elle doit renoncer.

Sur la barre d'horizon,
Soleil n'en peut plus de lutter.

Soudain, un claquement sec
se fait entendre, suivi d'un autre
et d'un autre encore :

– Paf ! Paf ! Paf !

C'est Amisk qui frappe l'eau
de sa queue plate.
Il annonce qu'il veut tenter le coup.

hirsute :
un pelage hirsute
est fait de
poils raides
qui se dressent.

Amisk est un nageur hors pair,
un architecte de rivière réputé.
Mais sur la terre ferme,
c'est un gros balourd qui avance lentement.

Son pelage **hirsute** et huileux
est tout gorgé d'eau.
Un voile de vapeur l'enveloppe.
Il le protège des rayons brûlants.
C'est étonnant, c'est prodigieux,
Amisk a atteint le collet !

Il ne perd pas son temps.
De ses dents tranchantes, il coupe la corde.

Enfin libre, Soleil bondit dans le ciel
comme un ballon !

Carcajou est furieux.
Ses grognements de colère
résonnent dans la clairière.

Amisk est radieux. Il a l'air différent.
Il sourit largement afin de montrer
ses nouvelles dents :
quatre longues incisives orangées.
Sa fourrure est maintenant lisse,
douce et brillante :

– C'est un cadeau de Soleil !
crie-t-il fièrement.

Voilà comment Amisk a été récompensé.
Mais il n'en demandait pas tant,
car les chasseurs **convoitent** désormais
sa magnifique fourrure.
Il doit donc se montrer
très prudent.

Renard et Souris
ont conservé eux aussi
leurs poils noircis.

Quant à Carcajou,
on dit qu'il cherche encore
un moyen de se venger,
car c'est un épouvantable
rancunier.

convoitent :
convoiter,
c'est désirer
quelque chose
qui appartient à
quelqu'un d'autre.

Ouvre l'oeil !

fuselé :
qui a la forme mince et arrondie d'un fuseau.

1 Le corps
Le corps du castor est **fuselé** comme celui du phoque. Il lui permet de se déplacer rapidement dans l'eau.

2 La tête
La tête du castor s'aligne sur son corps. Chacune de ses joues contient un bourrelet de poils durs qui protège l'intérieur de sa bouche. @

3 Les narines
L'odorat du castor est très développé. Ses narines se ferment quand il veut nager sous l'eau.

4 Les incisives
Le castor se sert de ses incisives tranchantes pour ronger le bois. @

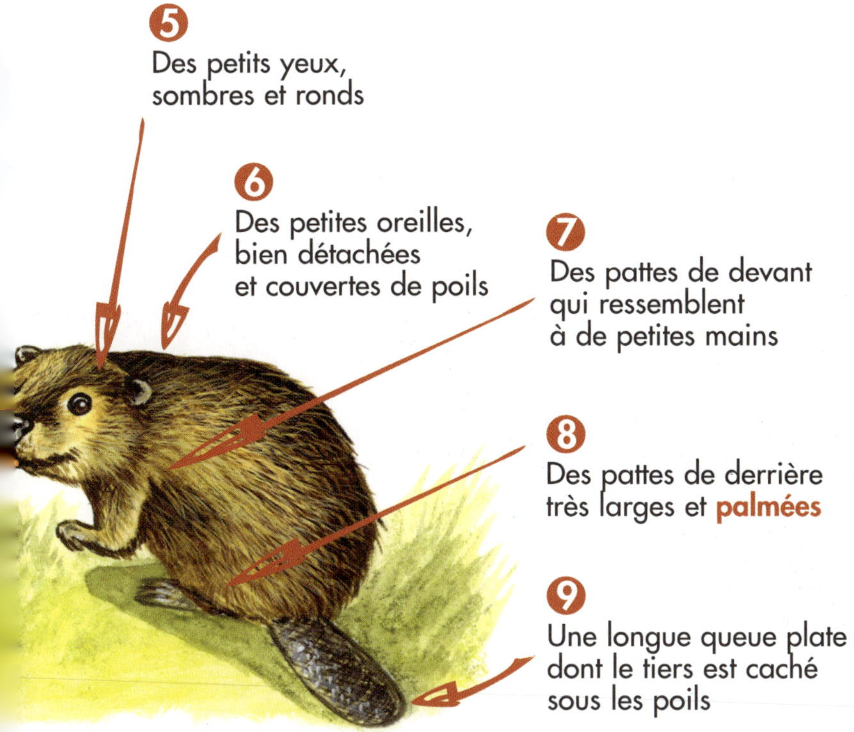

palmées :
les doigts des pattes palmées sont réunis par une membrane.

5 Les yeux

Le castor est capable de distinguer les couleurs.
Il voit très bien sous l'eau grâce à une membrane qui protège ses yeux.

6 Les oreilles

L'ouïe du castor est très fine. Quand il plonge, il est capable de rabattre ses oreilles pour empêcher l'eau d'y entrer.

7 Les pattes de devant

Le castor se sert de ses pattes de devant pour tenir les branches qu'il déguste et pour transporter ses matériaux de construction. Elles lui sont aussi très utiles pour creuser.

8 Les pattes de derrière

Grâce à ses pattes palmées, le castor peut nager pendant de longues heures sans se fatiguer.

9 La queue

Le castor utilise sa puissante queue pour frapper l'eau et avertir ses compagnons qu'un danger les menace. @

La fourrure du castor est composée de deux sortes de poils :

un sous-poil fin appelé duvet
et une couche de gros poils longs appelés jarres.

Le duvet garde le castor bien au chaud.

Les jarres empêchent qu'il soit trempé jusqu'aux os.

Pour rendre sa fourrure imperméable, le castor utilise une huile spéciale qu'il fabrique lui-même. Cette huile est appelée castoréum. @

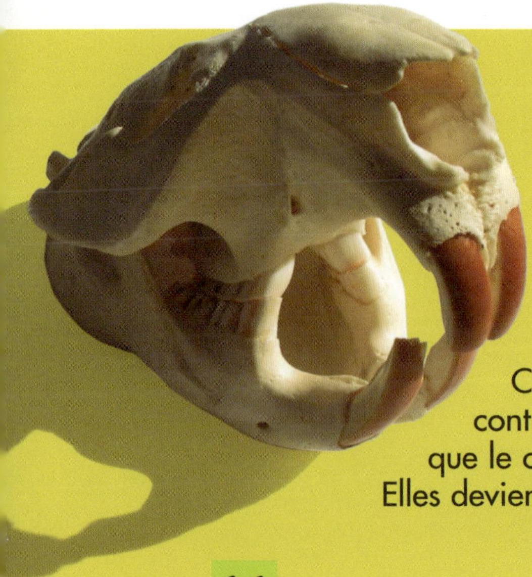

L'émail qui recouvre les dents du castor est plus dur à l'avant qu'à l'arrière.

C'est en frottant ses incisives supérieures contre ses incisives inférieures que le castor les aiguise. Elles deviennent alors extrêmement tranchantes.

Observe bien
les écailles coriaces
qui recouvrent
la queue du castor.

Le castor possède une griffe fendue sur le deuxième doigt de chaque patte de derrière.

Il s'en sert pour peigner sa fourrure. @

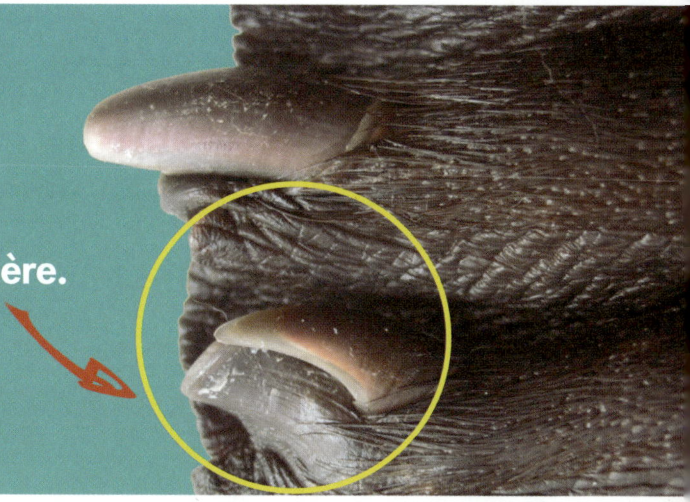

Le castor est herbivore.

Il ne mange pas de bois mais uniquement la partie tendre de l'écorce.

Il peut en dévorer 500 grammes par jour. @

herbivore : animal qui se nourrit d'herbe et de matières végétales.

Le castor, un modèle et un emblème

emblème :
lorsqu'un être vivant ou un objet possède des caractéristiques auxquelles des personnes s'identifient, il devient leur emblème.

armoiries :
les armoiries sont formées par l'ensemble des signes et des mots qui décorent un emblème.

Le castor est l'emblème de l'intelligence, de l'habileté et de la persévérance des Canadiens.

Son image apparaît sur plusieurs armoiries, dont celles de la Ville de Montréal. @

face

pile

Ce jeton a été créé par la Compagnie de la Baie d'Hudson.

Il valait une peau de castor. On le remettait aux Amérindiens qui pouvaient s'en servir pour acheter toutes sortes de marchandises. @

On retrouve le castor sur le côté pile de la pièce de monnaie canadienne de 5 cents. @

Le premier timbre-poste canadien a été émis en 1851.

Il valait 3 **pence** et montrait… un castor. @

pence :
pence est le pluriel de penny. Cette monnaie anglaise était utilisée au Canada à l'époque où le premier timbre-poste a été émis.

Si tu avais vécu il y a 200 ans, tu aurais sans doute porté un chapeau de castor comme celui-ci !

Pendant longtemps, ces chapeaux ont été très populaires. Avec le duvet d'un gros castor adulte, on pouvait fabriquer jusqu'à 18 chapeaux. @

rat musqué :
le rat musqué est un petit rongeur qui ressemble un peu au castor. Sa queue fine et ronde est couverte d'écailles.

Il y a 50 000 ans, le castor était aussi gros qu'un ours noir.

Il avait le crâne allongé, des incisives pointues et peut-être même une queue ronde comme celle du **rat musqué**. @

capybara :
le capybara ressemble à un cochon d'Inde géant. Il vit en Amérique du Sud.

Le castor est le deuxième rongeur du monde pour la grosseur.

Il arrive tout juste derrière le **capybara**. @

Un castor ronge et abat à lui seul plus de 200 arbres chaque année.

Des arbres
dont le diamètre
peut aller jusqu'à
40 centimètres!

Un castor peut mourir s'il a le malheur de perdre une de ses incisives supérieures.

Comme ses dents s'usent uniquement par frottement, l'incisive inférieure poussera alors sans arrêt. Elle risque de crever son œil et de s'enfoncer dans son crâne.

Le castor est un formidable champion de natation.

Il peut atteindre une vitesse de 5 kilomètres par heure et plonger jusqu'à 75 mètres de profondeur.

Il est même capable de rester sous l'eau pendant 15 minutes s'il se sent menacé!

Le castor est sociable

Il communique par des cris, des murmures, des soupirs et des gémissements.

Quand un castor a besoin d'aide pour faire sa toilette, il touche un compagnon dans le dos. Ce geste déclenche aussitôt une séance de nettoyage en règle ! @

Le castor vit en famille

Il est **monogame**.

L'accouplement a lieu entre janvier et mars.

La maman donne naissance à une portée de 2 à 4 petits. Elle les nourrit pendant 6 à 8 semaines et les transporte dans ses pattes de devant ou dans sa gueule. Au bout de 4 semaines, les bébés commencent déjà à ronger du bois.

Ils restent avec leurs parents pendant au moins deux ans. Puis ils partent à la recherche d'un territoire pour fonder leur propre famille. @

monogame : les animaux monogames choisissent un seul partenaire avec lequel ils vivent en couple.

Le castor habite dans une hutte

Il construit sa hutte au cours de l'automne. Il y passe tout l'hiver.

Elle comprend une salle à manger et une chambre à coucher. Ces deux pièces sont placées au-dessus du niveau de l'eau afin de rester bien au sec.

Il y a aussi une cheminée d'aération, une sortie de secours à l'air libre et deux tunnels qui sont situés sous l'eau. @

Le castor est un expert en construction

Il construit un barrage dès qu'il s'aperçoit que le niveau d'eau autour de sa hutte est trop bas. Le barrage permet de garder l'entrée de la hutte cachée sous le niveau d'eau.

Il crée un étang assez profond pour empêcher l'eau de geler jusqu'au fond durant l'hiver. De cette façon, le castor peut conserver sa nourriture pendant toute la saison froide. @

Mais les barrages de castor créent souvent des problèmes à l'homme

À cause d'eux, des routes sont endommagées, des lacs sont asséchés, des champs sont inondés et des cultures sont détruites. @

Des jeux pour observer

1

Trouve laquelle de ces 3 photos illustre correctement la phrase suivante :

Les incisives du castor sont aussi efficaces qu'une hache pour ronger un tronc et abattre un arbre.

A

B

C

2

Ce castor a été dessiné par un illustrateur très distrait. Il a fait 5 grosses erreurs.

Sers-toi de ce que tu as appris dans ce livre pour les trouver.

1 • B 2• Queue ronde, pattes avant palmées, oreilles tombantes, canines proéminentes, gros yeux proéminents.

3

Compare ta taille avec celle d'un castor.

Le poids d'un castor adulte varie entre 15 et 35 kilogrammes. Il peut mesurer jusqu'à 1,25 mètre.

Et toi, quel est ton poids ? Combien mesures-tu ? Calcule la différence…

4

Reconnais-tu les animaux de l'histoire qui se cachent derrière ces silhouettes ?

4• A gélinotte B renard C souris D orignal

Vérifie ce que tu as retenu

Réponds par VRAI ou FAUX aux affirmations suivantes.

(Sers-toi du numéro de page indiqué pour vérifier ta réponse)

1. Le castor est un mammifère. (p. 1)
2. Dans les contes amérindiens, Carcajou est un démon puissant. (p. 3)

3. Le castor se sert de ses molaires pour gruger le bois. (p. 20)
4. Le castor possède une griffe fendue sur le deuxième doigt de chaque patte de devant. (p. 23)

5. Le premier timbre-poste canadien a été émis en 1851. (p. 25)
6. Le castor est le plus gros rongeur du monde. (p. 26)
7. Le barrage permet au castor de maintenir l'entrée de sa hutte cachée sous le niveau d'eau. (p. 29)

1 VRAI • 2 VRAI • 3 FAUX • 4 FAUX • 5 VRAI • 6 FAUX • 7 VRAI